I0706600

# Redefinamos

## el

# ÉXITO

Escrito y diseñado por

**María Victoria Alger Velásquez**

@victoriaalger_


© Derechos reservados.
Hecho el depósito que marca la ley.


ISBN 978-99983-63-22-9

Este libro pertenece a

_______________________________

1. ¿Alguna vez has sentido que no eres suficiente?

2. ¿Te has sentido perdido en la rutina diaria?

3. ¿Te gustaría verte como alguien amado y valioso?

Actualmente hay mucha información sobre qué debemos hacer para tener éxito en la vida. Vivimos en la era de la información, la comunicación y abundan recetas, programas y normas que pueden estar muy distantes a nuestra realidad. Es importante hacer un alto y pensar sobre nuestra propia definición de éxito.

Este libro pretende descubrir qué te motiva y ser una herramienta para descubrir tu propio camino en la vida.

Redefinamos el éxito...

Todos escuchamos sobre el

**éxito,**

pero,

❶ ¿Qué es el éxito?

❷ ¿Cómo se ve una persona exitosa?

❸ ¿Depende de los valores personales, la cultura, la familia y la sociedad?

Definamos
## Éxito

**1** Alcanzar un propósito.

**2** El hecho de alcanzar algo bueno que se ha intentado durante mucho tiempo.

**3** Algo que tiene buen resultado o es popular.

Intentemos descubrir su significado con algunas frases...

# El éxito es un camino, no un destino.

Arthur Ashe

Hemos aprendido que ser exitoso significa alcanzar un objetivo y nos olvidamos que hay un camino que recorrer. Llegamos a vivir la vida como si fuera una búsqueda interminable, contraproducente y que nos deja siempre un vacío. Es decir, cuando alcanzamos lo que nos habíamos propuesto la dicha dura muy poco tiempo porque se nos olvida disfrutar el camino y aceptar los retos y aprendizajes que se obtienen de este.

# El éxito consiste en ir de fracaso en fracaso sin perder el entusiasmo.

Winston Churchill

Es importante mantener nuestro objetivo en mente y saber que hay obstáculos en el camino que se deben superar.

El fracaso es parte fundamental del proceso de aprendizaje. Recuerda que de las situaciones difíciles siempre podemos encontrar un aprendizaje valioso.

El **entusiasmo** nos permitirá volver al camino y continuar.

# Nunca soñé con el éxito, trabajé para alcanzarlo.

Estée Lauder

Todo esfuerzo tiene su recompensa.

Hay que recordar que todo empieza con un primer paso: Roma no se construyó en un día.

Es importante saber que los resultados milagrosos no existen y que todas las cosas valiosas requieren **una dosis diaria de atención, sacrificio y amor.**

# El único lugar donde el éxito llega antes que el trabajo es en el diccionario.

Vince Lombardi

¡Qué difícil es entender esto!

¡Qué valioso es aceptarlo!

¿Estás listo?

# El éxito llega para todos aquellos que están ocupados buscándolo.

Henry David Thoreau

¡Manos a la obra!

¡Hay tanto que hacer en el mundo y tantas oportunidades!

Utiliza tus talentos de forma sabia y prepárate **para brillar.**

Ser exitoso significa ser coherente: nuestras acciones deben reflejar quiénes somos y qué valores son importantes para nosotros.

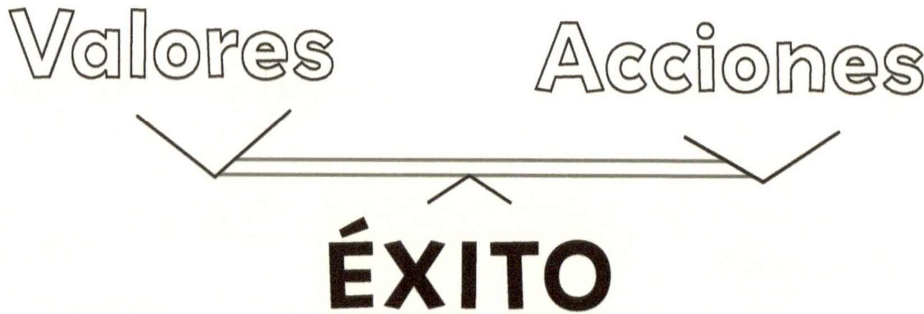


Hay una diferencia entre las cosas a las cuales damos valor y nuestros valores personales. Es por esto importante cuestionarnos si en realidad estamos siendo coherentes en nuestra vida.

Enumerar los valores que consideramos más importantes nos permitirá vivir una vida auténtica y feliz.

Ser exitosos significa vivir de acuerdo a nuestros valores y principios. Y para ello debemos conocernos y preguntarnos por qué hacemos lo que hacemos.

# SÉ

# COHERENTE

PON TUS

# PALABRAS

## en

# ACCIÓN

Los valores son atributos personales que definen nuestra vida.

# Valores personales

1. Altruismo
2. Apreciación
3. Atención
4. Compasión
5. Valentía
6. Determinación
7. Empatía
8. Igualdad
9. Generosidad
10. Honestidad
11. Humildad
12. Integridad
13. Bondad
14. Lealtad
15. Espiritualidad
16. Tolerancia
17. Fortaleza
18. Confianza
19. Humildad
20. Autosuficiencia

# ¿Qué significa ser exitoso para ti?

Subraya las acciones que relacionas con una persona exitosa.

1.  Mantener y cultivar relaciones sanas.
2.  Viajar a distintos lugares.
3.  Aprender nuevos idiomas.
4.  Hacer ejercicio.
5.  Tener una propiedad.
6.  Ayudar a los demás.
7.  Estar allí para quienes te necesitan.
8.  Aprender a escuchar.
9.  Tener un negocio propio.
10. Terminar una carrera.
11. Tener dinero.
12. Frecuentar a familiares y amigos.
13. Ser famoso.
14. Ser independiente.
15. Tener un auto.
16. Tener paz.
17. Pagar mis deudas.
18. Vivir en un lugar lindo.
19. Compartir momentos importantes con la familia y amigos.

20. _______________________________

21. _______________________________

22. _______________________________

23. _______________________________

24. _______________________________

Recuerda:

- Todos somos distintos.

- Ser diferentes nos permite complementarnos con los demás.

- ¡Somos un equipo! Si trabajamos de forma colaborativa podemos crecer, aprender y ser mejores.

# Escribe tu historia de éxito personal...

Piensa en cómo te visualizas en el futuro y el camino que te queda por recorrer. Describe cómo te ves, qué haces y con quiénes te relacionas.

## Identifica y subraya lo que consideras más importante en tu escrito.

De acuerdo a tu historia personal, contesta las siguientes preguntas.

→ ¿Tus objetivos están alineados con tus valores?

→ ¿Qué valores debes poner en práctica diariamente?

→ ¿Es esto lo que realmente quieres?

→ ¿Estás preocupado por cumplir
expectativas ajenas?

→ ¿Ya cumpliste algunos propósitos?

→ ¿Estás en el camino correcto?

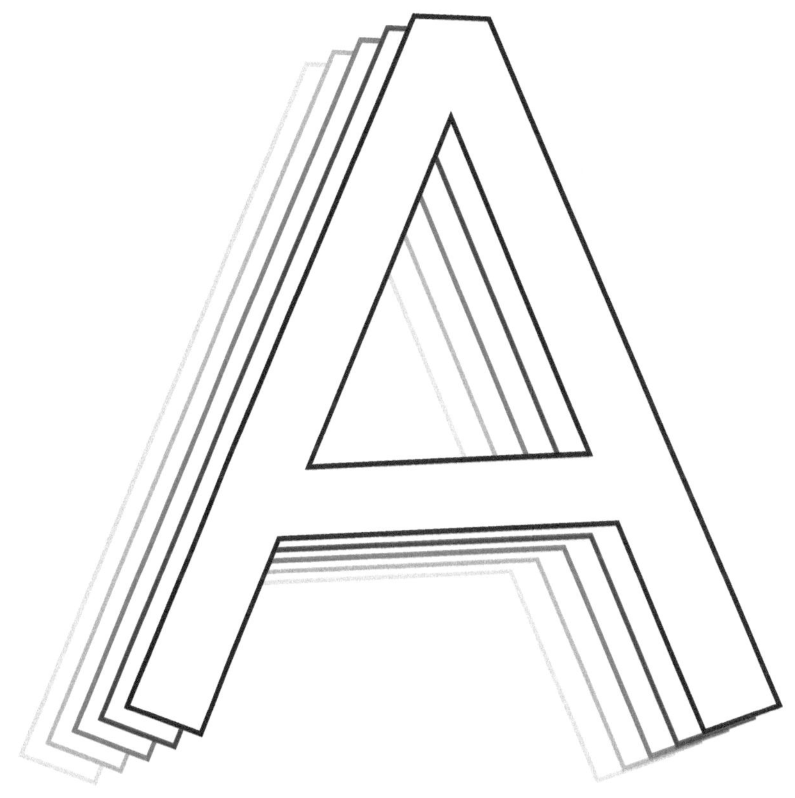

Actitud

# Tu actitud puede ser la llave o el cerrojo de la puerta del éxito.

Denis Waitley

# Actitud

**1** La posición que se asume ante una situación.

**2** Una forma de pensar o sentir sobre alguien o algo, sobre todo una que se refleja en un comportamiento.

**3** La posición del cuerpo que demuestra una acción o estado mental.

# ACTITUD

## ACTITUD

### ACTITUD

#### ACTITUD

Repite cada vez más alto

# ¿Estás listo?

# ¡Manos a la obra!

Debemos trabajar en cultivar una actitud positiva y hábitos sanos.

**Se debe aprender a:**

- Valorar

- Disfrutar

- Descansar

- Pensar

- Meditar

- Ser creativos

- Estar activos

- Estar presente

| SI | NO |
| --- | --- |
| Habla de forma positiva sobre ti y los demás. | Critiques, digas o pienses mal de ti y de los demás. |
| Busca inspiración: líderes, amigos, compañeros, familiares. | Mantengas relaciones que te dañan y te quitan energía. |
| Enfócate en tus talentos. | |
| Sé auténtico. | Te compares. |
| Muévete | Te conformes. |
| Haz una autoevaluación periódica: revisa tus objetivos, reconoce tus logros, etc. | Sobrepienses. |

Tener una mente despejada permite pensar con claridad y actuar con un propósito. Pero, ¿cómo se logra esto en la vida acelerada que llevamos?

Si aprendemos a utilizar nuestros cinco sentidos en cosas que mejoren nuestro humor, los niveles de estrés disminuyen y mejora nuestro bienestar. Por ejemplo, comer de forma saludable permite que nuestro cuerpo funcione mejor, así como lo hace el rodearnos de personas positivas y ocupar nuestro tiempo en actividades saludables.

¿Te gustan las rutinas?

**Las rutinas** al inicio y al final del día pueden ser beneficiosas para encontrar un momento de relajación y reconectar con lo verdaderamente importante. Los rituales al comenzar y finalizar cada día pueden ayudarnos a disminuir el estrés y poder descansar mejor y rendir al día siguiente.

## Las siguientes ideas pueden ayudarte a mejorar tu día:

- Tomar una ducha.

- Escuchar música que te inspire y llene tus sentidos con sentimientos positivos.

- Tomar café o té en una taza especial.

- Meditar.

- Dejar a un lado distracciones como el teléfono, las noticias, la televisión, la radio y otros dispositivos electrónicos.

- Llamar o visitar a un amigo o familiar.

- Caminar, hacer ejercicios de estiramiento que activen y mejoren tu circulación.

- Admirar el arte que te rodea: la naturaleza, pinturas, esculturas, etc.

❶ Mi rutina para iniciar el día sería así:

❷ Mi rutina para terminar el día sería así:

# Reconozco mis emociones

- Ser conscientes de **cómo** y **por qué** sentimos lo que sentimos.

- Reconocer que hay distintas emociones y que está bien no estar bien (a veces).

- De acuerdo con la tercera ley de Newton: *Toda acción tiene una reacción igual y opuesta.* Esto se puede aplicar en el campo emocional y por ello, es importante reconocer nuestras reacciones emocionales y tomar control sobre estas.

- No se trata solo de lo que se dice, sino de cuándo, cómo y a quién se le dice.

- "Tener actitud" no significa estar siempre en un estado de alerta, felices y de la mejor forma, pero de "aceptar el cambio como la única constante en nuestras vidas" como dijo el filósofo griego, Heráclito.

- Aceptar el cambio significa que los obstáculos y problemas son parte de nuestro crecimiento personal.

# Acepta el cambio

Problema » Aceptación » Cambio » Adaptación » Crecimiento

Este es el camino de

# Crecimiento personal

# Y el cambio es continuo...

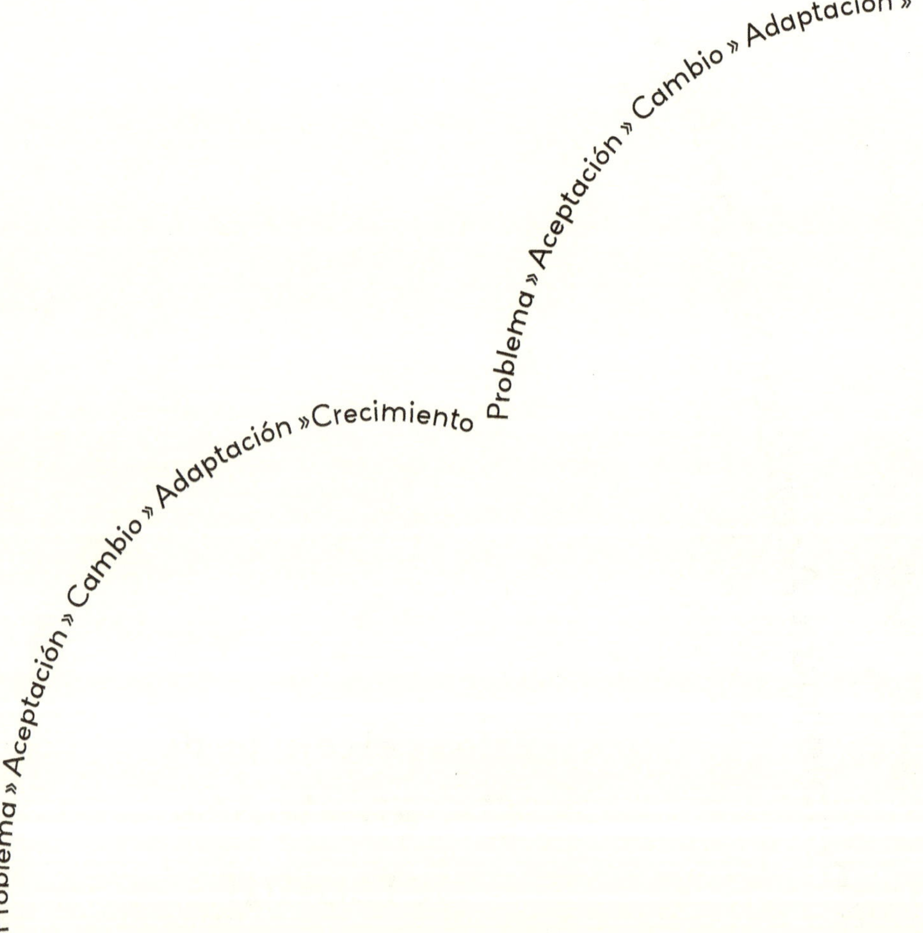

Crecimiento » Problema » Aceptación » Cambio » Adaptación » Crecimiento

Todo obstáculo o problema nos hará más fuertes.

# Sigue adelante: aprender, caer, recomenzar y crecer

Cuando ya no somos capaces de **cambiar** una situación, nos encontramos ante el desafío de **cambiarnos a nosotros mismos.**

Viktor E. Frankl, autor de "El hombre en busca de sentido"

**Tres preguntas básicas que pueden hacernos más concientes sobre nuestra actitud ante una situación específica:**

1. ¿Depende de mí? ¡Adelante! Toma decisiones y puedes mejorar las cosas.

2. ¿Depende de los **demás**? No debería de preocuparte porque no puedes hacer algo para cambiarlo.

3. ¿Depende del **medio ambiente, el destino o el tiempo**? ¡Tampoco puedes hacer nada! Despreocúpate de todo aquello que te genera un malestar pero no puedes cambiar, y enfócate en lo que sí puedes.

Otras preguntas que te pueden ayudar a tomar conciencia cuando estás preocupado por algo.

- ¿Cuál es el problema?
- ¿Por qué es importante?
- ¿Importará mañana?
- ¿Será importante en un mes?
- ¿Y en un año?

Posiblemente no es un problema en realidad como tu mente pretende que sea.

# ¡Manos a la obra!

1. Piensa en un buen día: Todo salió bien y cumpliste tus metas. Te sentiste orgulloso de ti mismo. Describe cómo fue tu actitud.

2. Piensa en un mal día y describe tu actitud.

3. Escribe tres cosas que te hacen sentir mejor:

4.  Escribe tres cosas que agradeces en tu vida.

5.  Describe tu actitud en cada una de las siguientes situaciones.

   a.  Estás ocupado y alguien quiere tu atención.

   b.  Estás de vacaciones.

   c.  Tienes hambre.

   d.  Dormiste bien.

   e.  Te sientes mal de salud.

   f.  Alguien te pide ayuda.

g.  Le pides ayuda a alguien.

h.  Aprendes algo nuevo.

i.  No dormiste bien.

j.  Ganas un premio.

k.  Cuando pierdes.

l.  Tienes que esperar mucho tiempo.

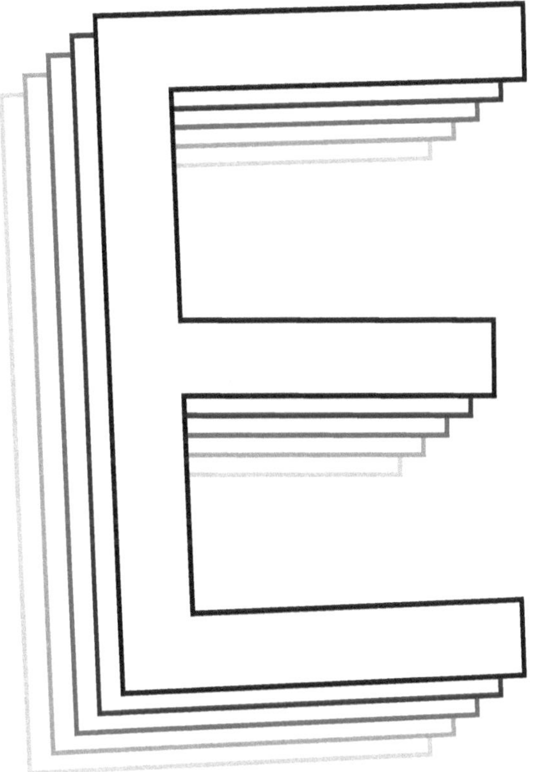

Esfuerzo

Si quieres ser éxitoso averigua cuál es el precio y págalo.

Scott Adam

Definamos

# Esfuerzo

**1** Estado físico o mental
que requiere una
actividad.

**2** Empeño para
hacer algo.

**3** Ánimo, vigor, brío,
valor.

# El éxito depende del esfuerzo.

Sófocles

# Leamos esta historia...

Había una vez un rey cuyo objetivo en la vida era encontrar el platillo más delicioso.

Este rey había probado todos los restaurantes del reino, tenía un chef personal que preparaba e inventaba platos todos los días y ayudantes que iban a otros reinosa buscar nuevos ingredientes para poder experimentar en la cocina. Su chef había experimentado con distintos métodos de cocción: a la leña, al carbón, al horno, otros elaborados en una sartén: salteados, cocidos, fritos, ¡también había probado el microondas!

Un día, el rey dijo que ya estaba cansado de probar cosas nuevas todos los días y que tenía que encontrar cuanto antes la comida más sabrosa del mundo. Sus ayudantes habían agotado las opciones: ya no quedaba mucho por dónde buscar el mejor platillo del mundo. Algunos viajes les tomaban días o incluso semanas para encontrar un nuevo ingrediente o una nueva técnica para complacer al rey.

Los sirvientes ya estaban impacientes porque no lograban complacer a su rey. Parecía que al rey se le agotaba la paciencia y a sus ayudantes, las fuerzas y opciones. Entonces, su consejero le propuso que buscaran al sabio del reino para que les aconsejara.

El sabio fue invitado al palacio y le dijo al rey que él sabía dónde encontrar el platillo que estaba buscando, pero la búsqueda la tenía que realizar personalmente.

— En el pico de la montaña más alta que rodea al reino encontraremos lo que usted anda buscando. Eso sí, me tendrá que acompañar para encontrarlo.

El rey asintió ante la propuesta del hombre sabio.

—Partiremos en nuestra búsqueda mañana a primera hora.

El rey emprendió la búsqueda con el hombre sabio, quien llevaba consigo un saco lleno de cosas que el rey desconocía.

Empezaron a subir la montaña. Un paso tras otro: un largo camino les avecinaba. Los primeros pasos fueron fáciles, pero mientras caminaban el terreno se iba volviendo cada vez más difícil y el rey empezó a quejarse.

—Creo que no ha sido buena idea venir aquí.

El hombre sabio parecía ignorar al rey y seguía caminando, cargando siempre su saco y teniendo claro que debían llegar a la punta de la montaña.

Finalmente y tras varias horas de caminar bajo el sol, tropezarse con algunas piedras y tomar largas y pausadas respiraciones para poder llegar a la cima, ¡alcanzaron su objetivo!

—¡Hemos llegado! Finalmente podré conocer cuál es la comida más sabrosa —dijo el rey.

El hombre sabio sacó un trozo de pan seco y una botella de agua. El rey moría de hambre, llevaban horas caminando y cuando el hombre le ofreció aquello le supo a la mejor comida del mundo.

El rey comprendió que se aprecia más lo que nos cuesta trabajo conseguir.

Y ese era el ingrediente más sabroso del mundo: El esfuerzo.

Desde ese día no hubo necesidad que sus sirvientes buscaran complacer su paladar, más bien se empezaron a solucionar cuestiones realmente importantes del reino.

# ¡Manos a la obra!

**Establece un objetivo general y objetivos específicos.**

## Aprende a:

→ Automotivarte

→ Hacer un horario

→ Priorizar tus objetivos

→ Postergar el beneficio inmediato por uno mejor en el futuro.

→ Mantener tu objetivo en mente.

→ Compartir tus metas con aquellos que pueden motivarte, inspirarte y animarte.

→ Estar consciente de que todas las cosas buenas requieren una dosis de esfuerzo, sacrificio, inteligencia y un equipo colaborativo.

| SI | NO |
|---|---|
| Busca inspiración | Te compares |
| Elabora un horario que incluya actividades de cuidado personal. | Evita llenarte de actividades que te termines agotando física y/o mentalmente. |
| Tus objetivos tienen que tener un tiempo para poder cumplirlos. | Dejes para mañana lo que puedes hacer hoy. |
| Hay sacrificios que sí deben hacerse por un bien mayor: elige sabiamente tus batallas. | Sacrifiques tu salud y relaciones personales por beneficios materiales. |
| Revisa tus objetivos de forma periódica y ajusta a tus necesidades y realidad. | Te aferres a metas que no traen un verdadero bienestar. |

Si escuchas y lees sobre líderes que han hecho cambios en el mundo la mayoría concuerda en que el camino no ha sido fácil. Pero todos tenían claro su objetivo y se motivaban diariamente.

- Encontrar el equilibrio es personal y un trabajo continuo. Requiere estar atentos a lo que nos rodea y tener apertura al cambio.

- Soltar, es decir no aferrarse a situaciones, relaciones o cosas que no aportan a nuestra vida y enfocarse en lo que importa más. Esto no se hará solo una vez, sino que periódicamente.

- El éxito no llega solo.

Recuerda:

# Nada es gratis en la vida

# Pirámide de Maslow

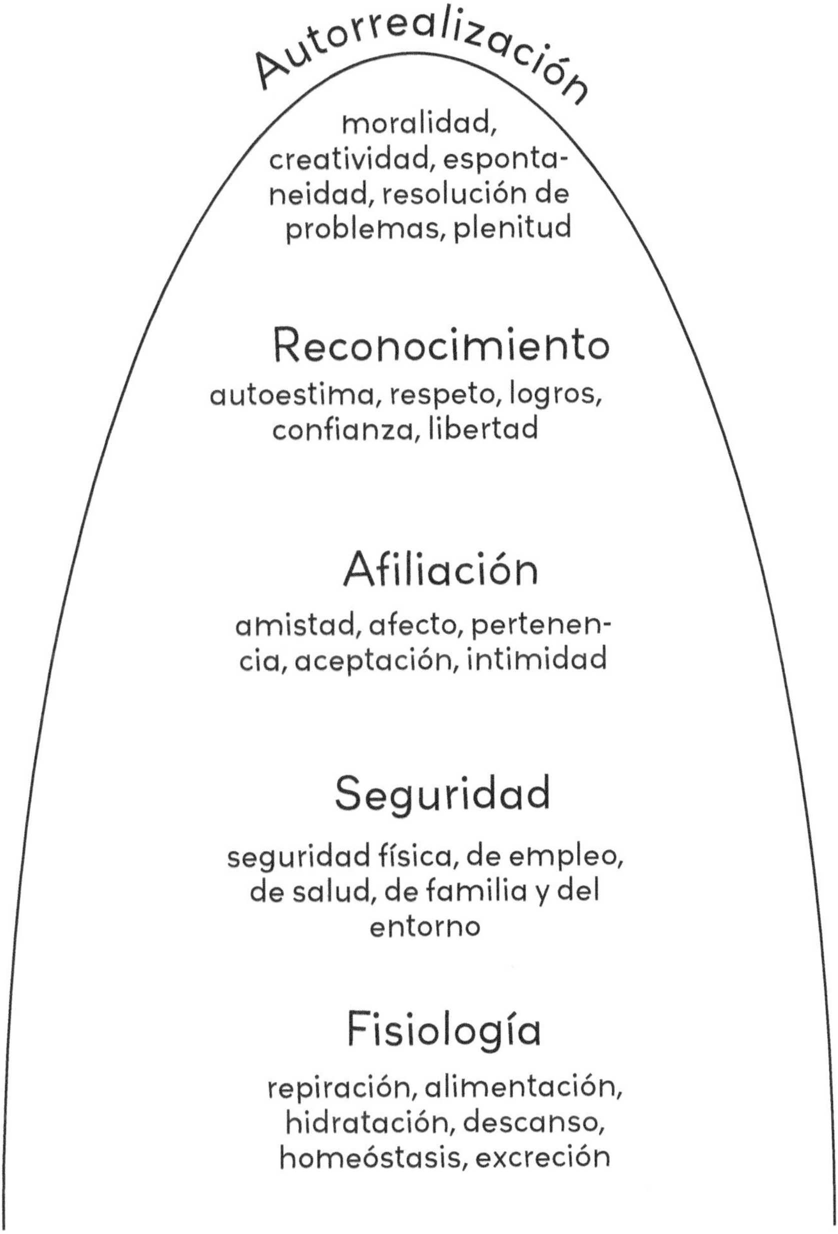

Recuerda:

**El balance en la vida
es personal.**

**Todos somos
distintos.**

**Todos tenemos una
habilidad especial.**

# SOY VALIOSO

·

# PUEDO HACERLO

·

# SOY DIGNO DE SER AMADO

# Sueña alto

- Escribe tu meta en la vida.

- Escribe tus metas a corto plazo.

- Dibuja tus metas como un camino al gran propósito de tu vida.

- ¿Qué estás dispuesto a sacrificar para alcanzar tus metas?

- ¿Qué no estás dispuesto a ceder?

# ¡Manos a la obra!

¿Qué necesitas para alcanzar tu meta en la vida?

## Personalmente:

1.

2.

3.

4.

5.

## Financieramente:

1.

2.

3.

4.

5.

## Otros:

1.

2.

3.

4.

5.

Completa la pirámide de Maslow de acuerdo
a las acciones y decisiones que has tomado
o quieres tomar. Identifica en qué nivel se
encuentra cada una de tus metas.

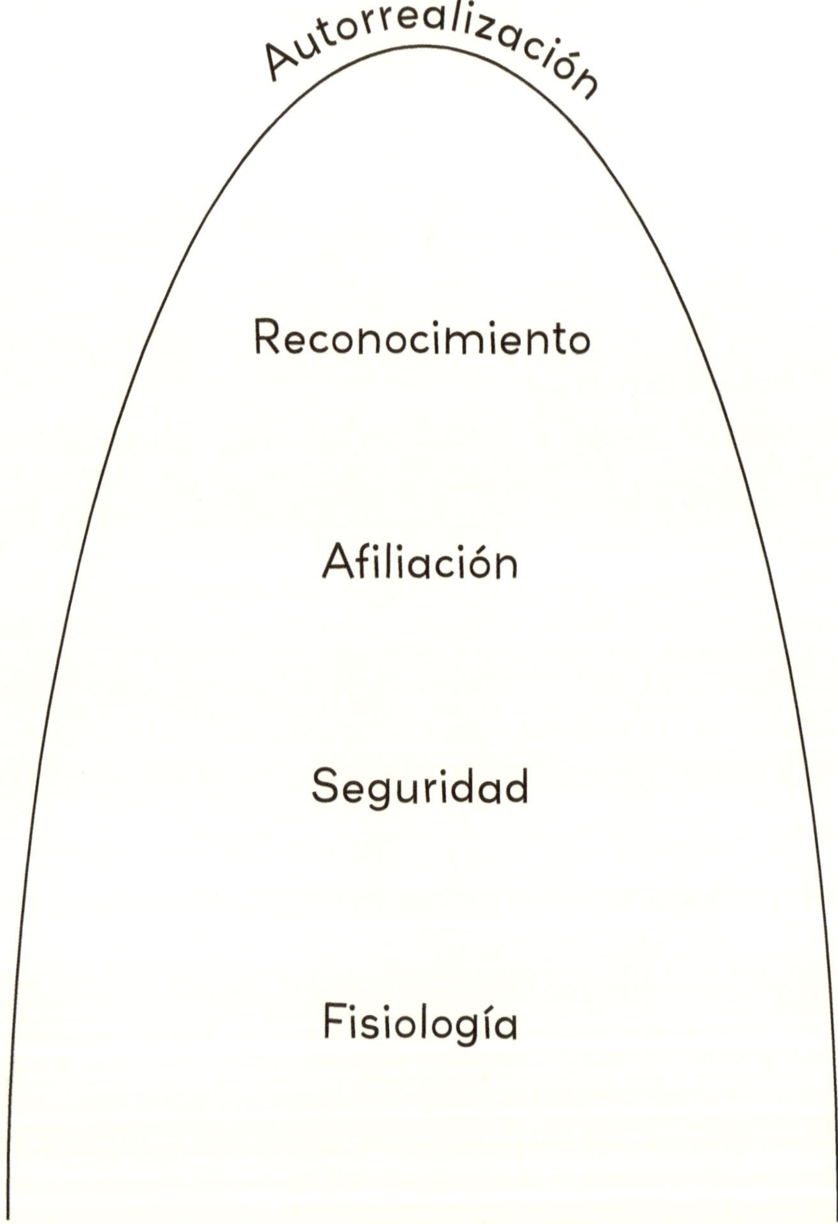

Solo cuando seamos lo suficientemente valientes como para explorar la oscuridad, descubriremos el **poder infinito de nuestra luz.**

Brené Brown

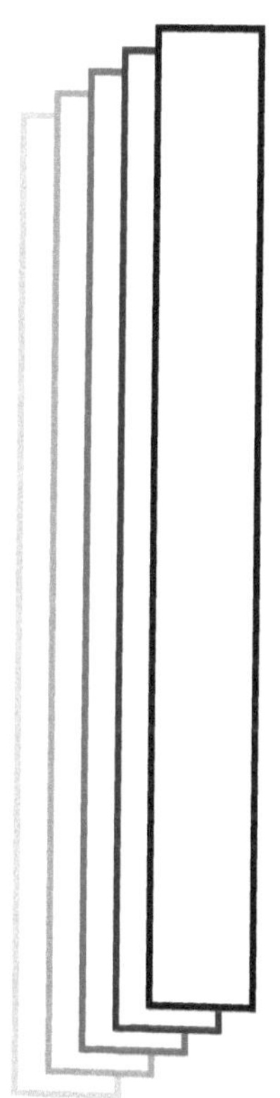

# Inspiración

# Si estás trabajando en algo emocionante que realmente te importa, nadie tiene que empujarte. La visión te jala.

Steve Jobs

Definamos

# Inspiración

**1** Acción y efecto de estimularse a hacer o sentir algo.

**2** Estímulo que anima la labor creadora en el arte o la ciencia.

**3** Motivación del individuo a transmitir, expresar o actualizar una nueva visión o idea.

ADELANTE
ESTE CAMINO
Hacia allá
ABAJO
ARRIBA

# Caminante no hay camino.

# Se hace camino al andar.

Y para trazar tu propio camino debes
preguntarte:

# ¿Qué te inspira?

Una pregunta simple, pero compleja porque
implica tomar responsabilidad sobre nuestra
propia vida y nuestras decisiones.

Piensa en una persona, un momento o evento
histórico que te inspire.

- ¿Por qué te inspiran?

- ¿De qué forma conectan contigo?

- ¿Qué te empuja a tomar acción o a hacer un
  cambio?

# El punto clave

El libro titulado *El punto clave* de Malcolm Gladwell explica que hay momentos decisivos cuando una idea, una moda y el comportamiento social cruza la línea y se propaga rápidamente volviéndose una tendencia.

Al identificar una razón de por qué una canción es popular, la razón por la que una compañía, producto o servicio se volvió conocido o cómo algo se volvió viral no hay una explicación lógica, pero la siguiente frase es muy atinada: "El éxito ocurre cuando **la oportunidad se encuentra con la preparación.**"

Hace muchos años participé en una investigación que buscaba dar respuesta y encontrar razones que llevaban a una persona a emprender y todos coincidían que habían momentos claves que te empujaban a tomar esa decisión. Uno de los emprendedores que entrevistamos nos compartió que fue en el momento que el director de su escuela le había pedido que necesitaba que él se sacara la nota máxima del examen nacional cuando descubrió que era capaz de obtener excelentes resultados académicos. Otro, nos comentó que fue su mamá quien le enseñó y lo empujó a siempre buscar oportunidades de negocio que lo llevó a tomar la decisión de emprender.

Las razones varían, pero todos hemos vivido momentos clave que cambian nuestra forma de ver la vida. Estos momentos suelen ser duros, pero nos empujan a descubrir nuestros talentos y a hacer la diferencia.

Todas las personas que han logrado cosas grandes tienen una historia detrás que los fue llevando poco a poco al lugar donde están.

También puedes inspirarte a través de: un familiar, un artista, un conocido, un libro, un video, una canción y por ello es importante que estemos abiertos a nuevas experiencias y a que éstas transformen nuestra vida. ¿Este libro puede ser una fuente de inspiración? ¡Espero que lo sea!

# INSPÍRATE

Elabora una lista de personalidades que te inspiran y explica por qué.

| Persona | Características que me inspiran |
| --- | --- |
|  |  |

- Describe un momento en el que te sentiste inspirado.

- Describe un momento histórico que te inspire.

# Inspiración diaria

- ¿Qué te inspiró a levantarte por la mañana?

- ¿Cómo te sientes al final del día?

# Has alcanzado la cima del éxito cuando el dinero, los cumplidos o la publicidad dejan de ser importantes.

Thomas Wolfe

Encontrar "eso" que te motiva a levantarte cada mañana es haber encontrado tu fuente de inspiración.

## Es un trabajo personal.

Implica ser conciente y realizar un cambio interno.

La inspiración no viene del dinero, del comportamiento de los demás, de la fama o el reconocimiento.

# Ejercicio para buscar inspiración

1. Ir a un espacio abierto o mirar por la ventana.

2. Mirar al cielo y respirar hondo.

3. Cerrar los ojos.

4. Inhalar y exhalar diez veces, cada vez más despacio.

5. Poner tus manos sobre tu corazón en posición de agradecimiento.

6. Respirar y sé consiente de tu respiración.

7. Dar gracias por lo que tienes.

8. Respirar una vez más intentando absorber la mayor cantidad de aire posible.

9. Exhalar.

10. ¿Cómo te sientes?

# Libros para inspirarte

- → *Los regalos de la imperfección,* Brené Brown

- → *Hábitos Atómicos,* James Clear

- → *Empieza con el por qué,* Simon Sinek

- → *Fuera de serie,* Malcolm Gladwell

- → *El pequeño libro del lykke,* Meik Wiking

- → *Permiso para sentir,* Marc Brackett

- → *El sútil arte que te importe un carajo,* Mark Manson

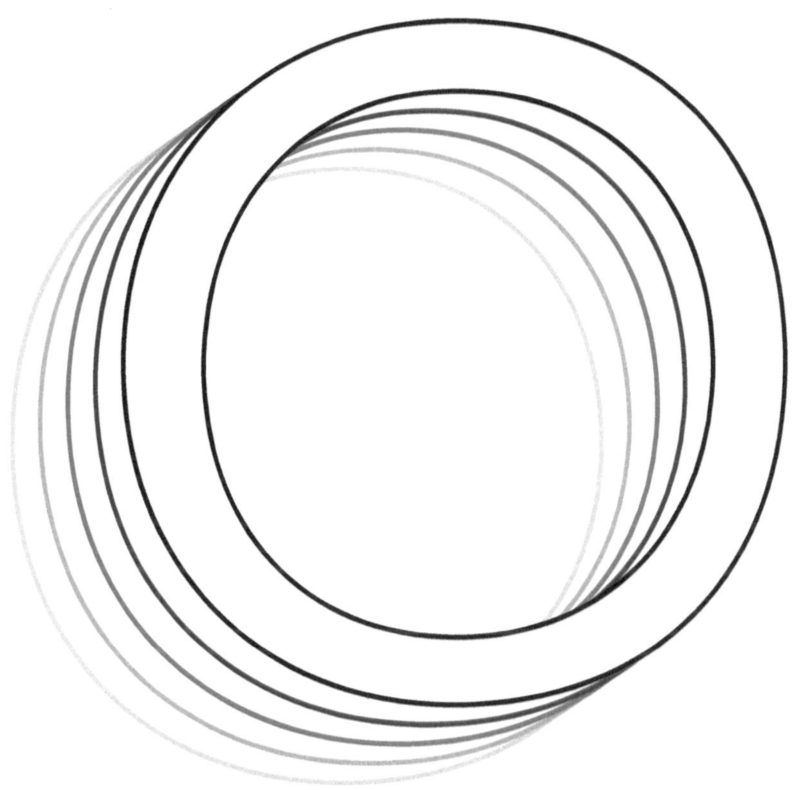

# Organización

# Antes que nada, la **preparación** es la clave del éxito.

Alexander Graham Bell

# Organización

**1** Planear una actividad o un evento.

**2** La forma en que algo se hace o se compone.

**3** Disposición, arreglo, orden.

La **disciplina** es hacer lo que se debe y **no** lo que se quiere.

Esta frase va en contra de la conocida frase "haz lo que te da la gana", en realidad todos somos libres de decidir qué hacer o no.

Recuerda que sí, somos libres. Pero las cosas grandes no llegan solas.

# Trabaja duro

# Trabaja inteligente

El camino al éxito no será fácil. Todo requiere **disciplina y trabajo.** Algunos días serán mejor que otros, pero si estamos dispuestos a descubrir qué debemos aprender en cada etapa de la vida y los pasos necesarios para alcanzar tu propósito personal, los sacrificios valdrán la pena.

# TRABAJA INTELIGENTE

Poniendo en práctica lo siguiente:

→ AUTOACEPTACIÓN

→ AUTOEVALUACIÓN

→ FLEXIBILIDAD

→ INNOVACIÓN

# ORGANIZACIÓN SIGNIFICA PRIORIZACIÓN

**Priorizar** es el arte de combinar todo lo que pensamos del pasado con los recursos que tenemos en el presente para predecir el orden de las cosas en el futuro y así obtener mejores resultados.

Definamos

# Prioridad

Cosa que se considera más importante que otra, ventaja o preferencia que una persona o cosa tiene sobre otra.

# Hablemos de prioridades

## ❶ Las prioridades no son estándar.

Hay cosas que estamos dispuestos a dejar ir por otras que consideramos mejores. Algunos valoran más la buena comida, otros prefieren invertir más en actividades de recreación. Algunos prefieren hacer deporte y otros aprender un nuevo idioma o tomar un curso.

Todos somos diferentes y valoramos distintas cosas.

# ❷ Las prioridades cambian.

Dependerán de:

- La edad

- Etapa de la vida

- Estado civil

- Cultura

- Salud mental y física

Lo que nos importa ahora es distinto a lo que nos importaba antes y será distinto a lo que nos importe en el futuro. Nuestras prioridades deben irse adaptando a nuestra realidad.

Crecemos, cambiamos y nuestras prioridades también.

# ❸ Las prioridades deben ser significativas.

Basadas en lo siguiente:

- Necesidades

- Fortalezas

- Valores

- Objetivos

Piensa si hacen que tu vida sea más significativa.

# TODOS LOS DÍAS DECIDIMOS QUÉ HACER Y QUÉ NO HACER

Esto debe estar alineado con nuestros objetivos.

**Herramientas que ayudan organizarse y mejorar la productividad.**

- Agenda/calendario

- Hojas de cálculo

- Recordatorios

- Mantener el lugar de trabajo limpio y ordenado

- Tomar notas

- Listas de trabajo

**Beneficios:**

- Ahorrar tiempo

- Mejorar la productividad

- Prevenir errores

- Habilitar la colaboración

- Mejorar la memoria

# MATRIZ DE PRIORIDADES

# Piensa en las actividades que haces en un año y escríbelas a continuación.

# Completa la matriz con las actividades que realizas, de acuerdo a su relevancia.

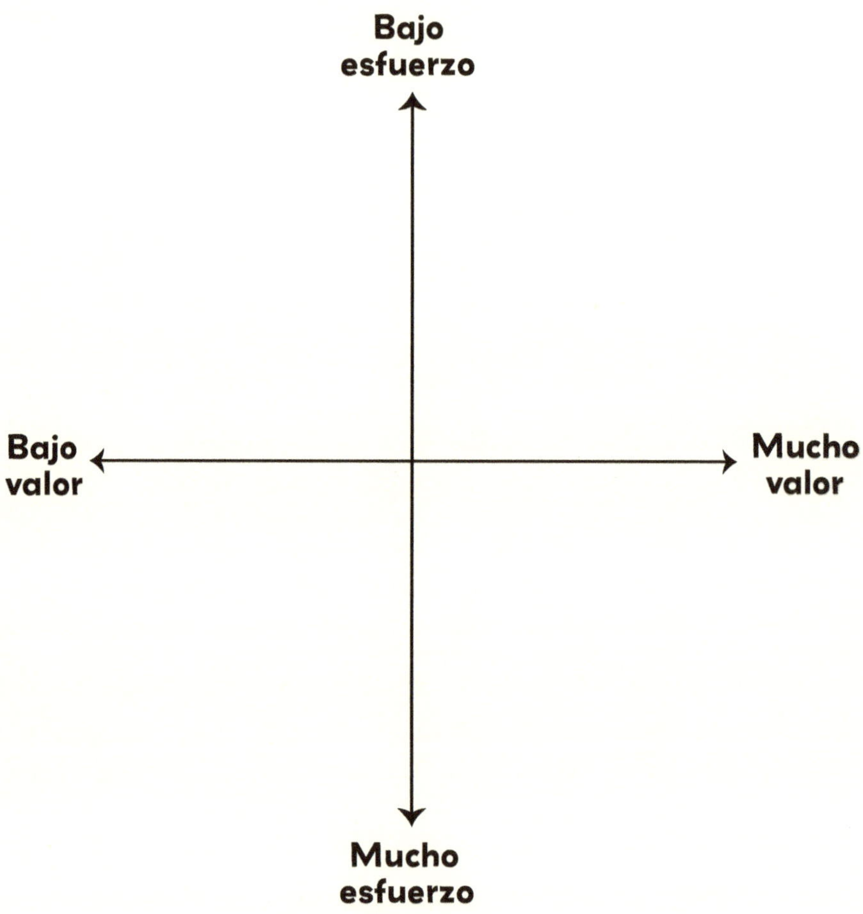

# Lista diaria de actividades.

# Completa la matriz con las actividades que escribiste.

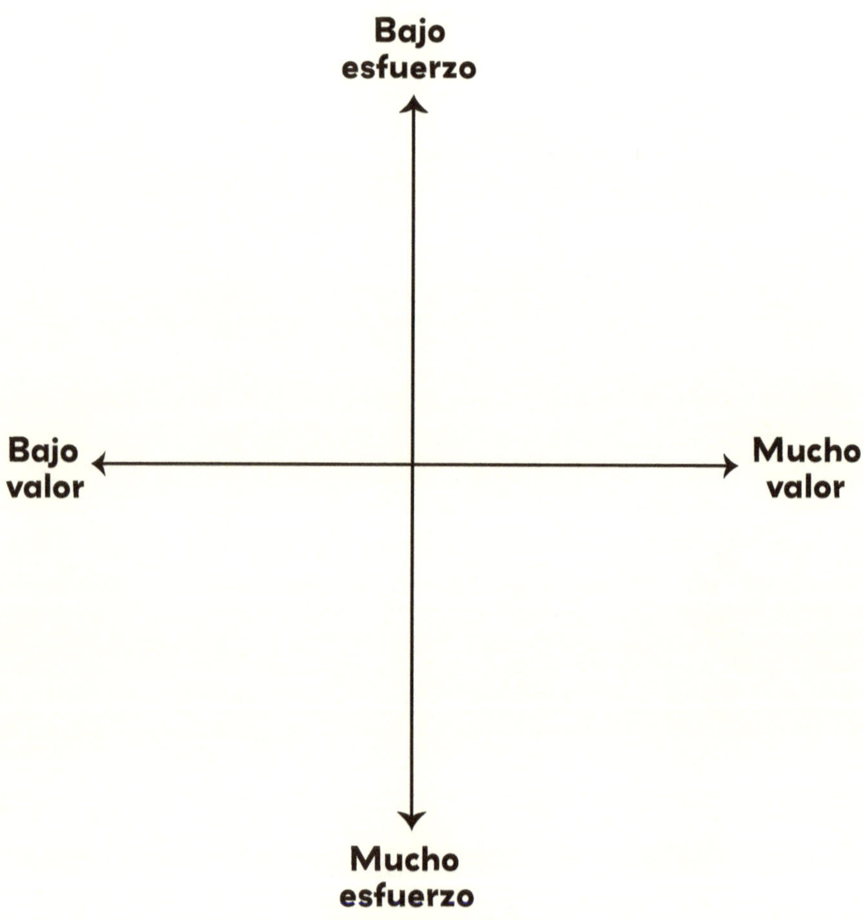

Piensa en cuánto tiempo inviertes en cada una de las siguientes tareas. Analiza si te gustaría invertir más o menos tiempo en cada una de ellas y colorea el símbolo que corresponda.

| **Acción** | **Tiempo invertido cada día** |
| --- | --- |
| Dormir | ✚ ▫ |
| Comer | ✚ ▫ |
| Cuidado personal | ✚ ▫ |
| Meditación | ✚ ▫ |
| TV o series | ✚ ▫ |
| Trabajar | ✚ ▫ |
| Estudiar | ✚ ▫ |
| Redes sociales | ✚ ▫ |
| Leer | ✚ ▫ |
| Otros: | ✚ ▫ |

**Piensa cuánto tiempo** quieres invertir en cada una de las siguientes actividades.

| Acción | Tiempo invertido cada día |
| --- | --- |
| Dormir | |
| Comer | |
| Cuidado personal | |
| Meditación | |
| TV o series | |
| Trabajar | |
| Estudiar | |
| Redes sociales | |
| Leer | |
| Otros: | |

# Un día común y corriente se vería así:

| Tiempo | Actividad |
| --- | --- |
|  |  |
|  |  |
|  |  |
|  |  |
|  |  |
|  |  |
|  |  |
|  |  |
|  |  |
|  |  |
|  |  |
|  |  |

# Cosas que puedo cambiar en mi rutina diaria para tener un día más significativo.

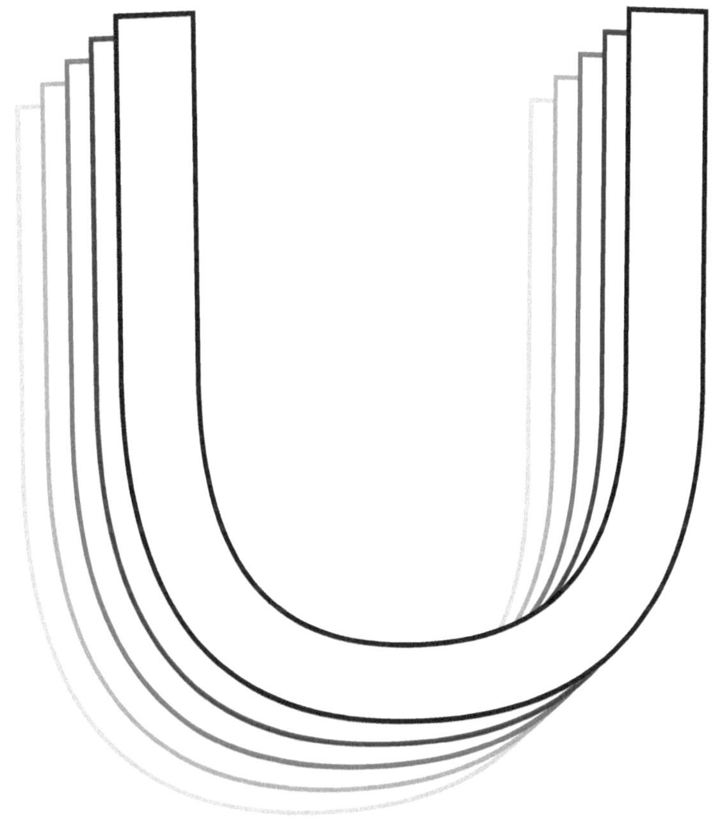

Tú

# Se trata de ti

De ser auténtico.

Sí, se trata de ser

mismo

**Nadie más que tú.**

# El autoconocimiento es el camino de la sabiduría.

Aristóteles

## **Reconocer los talentos es parte fundamental del autoconocimiento.**

- ¿Qué tanto te conoces a ti mismo?

- ¿Qué te gusta?

- ¿Cuáles son tus necesidades personales?

- ¿Qué te inspira?

Ámate a ti mismo primero, y todo lo demás encajará. Realmente tienes que amarte a ti mismo para hacer cualquier cosa en este mundo.

Lucille Ball

# Todo sobre ti

1. ¿Cuánto te conoces? Subraya la opción que te gusta más.

| | |
|---|---|
| Levantarse temprano | Quedarse despierto tarde |
| Café | Té |
| Ciudad | Campo |
| Leer un libro | Ver televisión |
| Gimnasio | Ejercicio al aire libre |
| Montaña | Playa |
| Casa grande | Lugar pequeño |
| Manejar auto | Caminar o bici |
| Texto | Llamada |
| Zapatos deportivos | Sandalias |
| Arroz | Pasta |
| Carne | Ensalada |
| Día soleado | Día lluvioso |
| Caliente | Frío |
| Callado | Ruidoso |
| Pantalones | Shorts |
| Animales | Plantas |
| Viajar | Comprar |
| Familia | Amigos |
| Interior | Exterior |
| Monocromático | Colorido |
| Invierno | Verano |
| Otoño | Primavera |
| Agua | Otro: |

Todas las opciones son válidas. Puedes comparar y compartir tus respuestas con los demás para conocerse entre ustedes.

2. Escribe una emoción que se relaciona con cada una de las siguientes acciones.

- Pasar tiempo con amigos:

- Pasar tiempo en familia:

- Dar un regalo:

- Recibir un regalo:

- Dar un cumplido:

- Recibir un cumplido:

- Planear un viaje:

- Cancelar un plan:

- Reagendar un evento importante:

- Estar en el trabajo:

- Estudiar __________:

- Ejercitarse:

- Estar solo:

- Estar con otras personas:

3. Lee las siguientes emociones: felicidad, triste-
za, miedo, enojo. Piensa en un momento de
tu vida que relacionas con cada una de estas
emociones.

| Tristeza | Felicidad |
|---|---|
| | |
| **Enojo** | **Miedo** |
| | |

4. Describe un momento en el que te has sentido amado.

5. Elabora una lista de diez actos de amor que tienes con quienes te rodean.

6. Escribe un lugar en el que te sientes seguro y describe cómo te sientes cuando estás allí.

7. Escribe los nombres de personas con quienes te sientes cómodo.

8.  Escribe prejuicios que tengas sobre ti.

9.  Reescríbelos de una forma positiva.

10. ¿Qué te da miedo?

11. Intenta recordar cuándo y dónde empezó el miedo que más te afecta en tu vida. ¿Puedes hacer algo al respecto?

12. Une los puntos y encuentra algo que se relacione contigo.

**13. Subraya con tus colores favoritos las primeras siete palabras que encuentres.**

```
S  S  Í  F  T  C  A  M  B  I  O  É  R  M  A
E  U  M  O  M  E  N  T  O  S  L  Ó  A  Ó  H
T  F  D  Ü  O  R  R  Q  U  M  A  U  Á  U  F
N  I  Ü  R  U  A  A  P  Í  V  I  E  M  S  L
E  C  Z  A  Y  G  R  J  R  A  C  H  E  A  F
I  I  É  Z  U  S  O  Q  A  L  E  É  S  G  A
L  E  É  A  D  E  J  R  J  I  P  Í  T  R  Á
A  N  Ú  R  E  N  E  C  E  O  S  R  A  A  S
V  T  A  B  T  O  M  E  D  S  E  P  R  D  Y
P  E  Z  A  N  I  I  D  Í  O  A  Í  J  E  K
D  B  F  Ó  E  C  Y  I  V  J  Ó  P  D  C  V
Ñ  Ú  D  L  S  A  P  R  E  N  D  E  R  E  U
Ü  S  J  Q  E  L  Á  A  J  D  P  G  E  R  E
Y  D  S  Á  R  E  F  R  A  N  O  D  R  E  P
Q  K  B  P  P  R  A  V  I  T  I  S  O  P  V
```

**14. Escribe un objetivo personal utilizando las palabras que subrayaste.**

____________________________________________

____________________________________________

15. ¿Quién eres tú? Descríbete como una persona amada y valiosa.

16. Pide a alguien cercano y que te aprecie que te describa y compáralo con lo que escribiste.

17. Escribe cómo te hizo sentir lo anterior.

# Lo que das, lo recibes.

La vida da vueltas y tenemos que estar dispuestos a dar y a recibir para poder crecer. Muchas veces no estamos dispuestos a recibir de los demás, ¿te has preguntado por qué? Todos somos seres sociales y necesitamos unos de otros para poder subsistir. Al vivir en comunidad es importante lo siguiente: Reconocer que somos un equipo y que juntos podemos crecer, aprender y mejorar.

- No podemos dar lo que no tenemos.

- Vale la pena preguntarse: ¿Qué tenemos para ofrecer?

- No puedes compartir con los demás si no has construido algo antes para hacerlo.

- Tenemos que estar bien y en paz para poder construir relaciones sanas en nuestro entorno.

**Una mejor versión de ti está por venir...**

Si te gustó este libro por favor
comparte y deja una reseña.

# GRACIAS

www.ingramcontent.com/pod-product-compliance
Lightning Source LLC
Chambersburg PA
CBHW051311250726
48656CB00004B/1595